Ins leuchtende Du

Carola Moosbach

Ins leuchtende Du

Aufstandsgebete und Gottespoesie

Bärbel Fünfsinn
Aurica Jax (Hg.)

EBVERLAG

Bibliografische Information
der Deutschen Nationalbibliothek

Die Deutsche Nationalbibliothek verzeichnet diese Publikation in der Deutschen Nationalbibliografie; detaillierte bibliografische Daten sind im Internet über http://dnb.d-nb.de abrufbar.

Umschlagbild: Benita Joswig, Auf Glas gebetet. Temporäre Ausstellung im Kloster Mariensee (2007).

2. Auflage

Gesamtgestaltung: Rainer Kuhl

ISBN: 978-3-86893-361-1

E-Mail: post@ebverlag.de

Internet: www.ebverlag.de

Druck und Bindung: Hubert & Co., Göttingen
Printed in Germany

Inhaltsverzeichnis

3. Anrufung – „Komm tröste mich“

4. Aufstandsgebete – „Ich lasse Dich nicht“

Vorwort

Bärbel Fünfsinn / Aurica Jax

Schreibsprünge[1]

Wie einfach es sein kann
wenn Du nur der Grund bist
und Anfang und Ende
der Wörter die klingen und springen
in wechselnder Tonart
und kreisenden Rhythmus
von mir Gott zu Dir
und von Dir Gott zu mir vielleicht
rufst Du mich wenn ich Dich rufe
und frage und streite mich gerne
mit Dir Du verstehst schon
und werde nicht satt sein
und werde nicht stumm sein
solange Du atmest in mir

Carola Moosbach ist eine mitreißende Autorin und intensive Beterin, ihre „Theo-Poesie"[2] berührt nach wie vor. Ihre drei Bücher mit Gedichten, die zwischen 1997 und 2001 erschienen, sind seit lan-

---

1 Carola Moosbach, in: FrauenKirchenKalender 2015. Aufschreiben, hg. v. Brigitte Enzer-Probst u.a., Ostfildern 2014, S. 30.

2 „Der abendländische Weg, der Gott vor allem mit dem Logos verband und Theologie formuliert, scheint wenig Verständigung zu erlauben. Wir brauchen anderes, wir brauchen mehr, wir brauchen Theo-Poesie – und sie liegt in Carola Moosbachs Texten vor. […] Diese Beterin gibt sich nicht und an keiner Stelle mit vorgeformten christlichen Sprachhülsen zufrieden." (Dorothee Sölle, Vorwort, in: Carola Moosbach, Gottflamme Du Schöne. Lob- und Klagegebete, Gütersloh 1997, 9.)

gem vergriffen. Mit ihrem Einverständnis geben wir ausgewählte Gedichte und Gebete neu heraus. Dafür gibt es im Jahr 2021 gute Gründe:

Zunächst hoffen wir, dass Carola Moosbach neue Leser*innen findet und von denen, die sie schon kennen, wiederentdeckt wird. Denn ihre „Schreibsprünge" haben, wie alle großartigen Kunstwerke, das Potenzial, vielen Menschen etwas zu bedeuten, obwohl sie aus konkreten, individuellen Erfahrungen erwachsen sind. Carola Moosbachs Texte bringen die spirituellen Verwüstungen durch die sexuelle Gewalt, die sie als Kind erlebte, im wahrsten Sinne des Wortes zur Sprache. Sie stellen die Theodizeefrage, die sich angesichts des tausendfachen Missbrauchs und anderer Leiden von Menschen stellt, mit ungebremster Kraft und zeigen, was Ringen mit der Vergangenheit bedeuten kann. Zugleich besitzen sie eine frische Sprache für die in heftigen Auseinandersetzungen verlorene und wieder gefundene Gottesbeziehung: Es geht „Ins leuchtende Du" und wieder von ihm weg. Und wieder zu ihm hin.

Seit über 10 Jahren wühlt der Missbrauchsskandal um sexualisierte Gewalt, die in kirchlichen Kontexten stattgefunden hat, viele Christ*innen in Deutschland sowie der ganzen Welt auf und verlangt von den Kirchen grundlegende Umkehr. Dabei geraten die Erfahrungen derjenigen, bei denen die Taten nicht in kirchlichen Zusammenhängen, sondern in der Familie begangen wurden, oft aus dem Blick. Carola Moosbach ist eine von ihnen.

Als evangelische und katholische Theologinnen und Herausgeberinnen weisen wir auf die Mitverantwortung der Kirchen hin. Selbstkritik und Aufarbeitung müssen weiter intensiviert werden – eine Theologie „mit dem Rücken zu den Opfern" (J. B. Metz) hat jegliche Legitimität verloren. Als ökumenische Kolleginnen sind wir der Überzeugung, dass diese Herausforderungen von allen christlichen Konfessionen gemeinsam angegangen werden müssen, und möchten mit unserer Arbeit einen Beitrag leisten.

Als feministische Theologinnen nehmen wir wahr, wie Carola Moosbach Frauenerfahrungen benennt, die für sie die Hinterfragung männlicher Gottesbilder einschließt und zahlreiche Anreden für ein weibliches Gegenüber anbietet. Die in diesem Band zusammengestellten Texte bieten Anlass sowohl zum Genießen als auch zum theologischen Nachdenken – und vielleicht Nach-Sprechen. „Der Reichtum der Gebetssprache von Carola Moosbach bleibt nicht ihr Privatbesitz. Sie verschenkt ihn, damit andere davon Gebrauch machen."[3]

„Ins leuchtende Du" – zum Titel dieses Buches passt die Glasmalerei der Künstlerin und Theologin Benita Joswig auf dem Buchumschlag. Es entstammt ihrer temporären Ausstellung „Auf Glas gebetet. Zeichen und Malerei im Kreuzgang", 2007 im Kloster Mariensee bei Hannover (siehe: benitajoswig.de/fenster.htm).

Wir danken vor allem und sehr herzlich Carola Moosbach für ihr Vertrauen und die gute Zusammenarbeit.

Wie danken den Sponsor*innen: Dezernat Theologie und Publizistik der Nordkirche, kfd-Stiftung St. Hedwig, Referat für Chancengerechtigkeit im Kirchenamt der EKD, Referat für gesellschaftliche Verantwortung im Haus der Evangelischen Kirche in Gelsenkirchen/Wattenscheid, Theologinnenkonvent der Nordkirche.

Wir danken allen, die uns in diesem Vorhaben auf ihre Weise unterstützt haben: Lena Fünfsinn, Dr. Barbara Haslbeck (www.gottes-suche.de), Brigitte Hauschild, Rainer Kluck, Dr. Gisela Matthiae, Dr. Ulrike Metternich, Antje Röckemann, Ruth Hess, der Verein „AGENDA – Forum katholischer Theologinnen", die katholischen Frauenverbände kfd und KDFB, die Fachstelle der Nordkirche gegen sexualisierte Gewalt – Stabstelle Prävention.

3 Luise Schottroff, Vorwort, in: Carola Moosbach, Lobet die Eine. Schweige- und Schreigebete, Mainz 2000, 12.

Für ihr Engagement danken wir besonders Rainer Kuhl und Christian Langner vom Berliner EB-Verlag. Sie haben sich sehr für das Projekt eingesetzt.

Hamburg & Münster, am Aschermittwoch 2021
Bärbel Fünfsinn & Aurica Jax

1.
Annäherung
„Du Fern-Nahe“

Vom Beten und Schreiben

Erst
einfach wohin irgendwo mit den Schreien
und wer
kann das schon tragen von Grund auf so tief
und wo
fall ich dann hin bloß unendlich nach hinten
nie wieder

Dann
stieß ich auf Grund wie auf ewig so nah
bist Du
manchmal bei mir Gott dann wieder so fern
und ich
ströme mit Worten mit brennenden Sätzen
zu Dir

Beziehungsweise

Ich hatte Dich schon längst abgeschrieben
Kinderglaube Fromme-Leute-Geschwätz
wer rechnet schon heute noch ernsthaft mit Dir
Du unwahrscheinlichste aller Möglichkeiten

Und jetzt bist Du da ich verstehe es nicht
was es bedeutet wie kann das denn sein
vom Suchen zum Bitten zum Gefundenwerden
wie hast Du das nur gemacht Gott

Du bist viel zu groß ich kann Dich nicht begreifen
womöglich passe ich gar nicht zu Dir
und Du passt nicht in mein Leben
viel zu tief und zu hoch und zu wichtig

Manchmal habe ich solche Ehrfurcht vor Dir
dass ich kaum wage Dich anzusprechen
und dann diese unüberbietbare Peinlichkeit
Dich zu erzählen zu schreiben zu singen von Dir

Ich habe Angst Du kommst mir zu nahe
mit dem Vertrauen bin ich noch nicht vertraut
und wenn Du Dich plötzlich in Luft auflöst
dann stehe ich da und brauche Dich doch

Puste meine Angst weg Gott
und lass sie trotzdem da sein
schenk mir Deine Nähe Gott
und lass mich trotzdem zweifeln

Küchengespräche

Manchmal bist du mir etwas unheimlich Gott
Du wunderbarer Schweigestrom aus Liebe und Kraft
Du zärtliche Stille ganz nah und ganz tief
bist du das wirklich?

Deine Macht ist mir nicht ganz geheuer
auch wenn sie mich stark und weit macht
Ich schätze sie nicht, die mächtigen Herren
nach deren Bild wir Dich geformt haben
Deine Größe muss ich erst noch buchstabieren lernen Gott
Du seltsame Wundermacht des Lebens
Ein zerstörter Kern der zu sprudeln anfängt und singt
ein Folterkeller dessen Tür sich öffnet nach draußen
bist Du das wirklich?

Manchmal fühle ich mich so dumm vor Dir Gott
und womöglich bist Du nur Einbildung wie peinlich!
Ich weiß noch so wenig über Dich Schwester Gott
die seltsamsten Geschichten sind über Dich im Umlauf

Kann ich Dich eigentlich auch wieder wegschicken Gott
oder bist Du jetzt immer da oder womöglich nie wieder?
Und was ist mit den anderen Gequälten und Vertriebenen
trägst Du die auch?

So viele Fragen
so tiefe Gegenwart
so stille Antworten

Vorwarnung

Ich frage mich und ich frage Dich
wohin das alles noch führen soll
und eigentlich bin ich noch nicht mal sicher
ob Du es bist die da zieht Gott
im Übrigen bin ich völlig ungeeignet
für Liebesgeschichten gleich welcher Art
und misstrauisch bin ich und anspruchsvoll
und mache mich nie wieder klein vor niemandem
auch nicht vor Dir Gott
magst Du auch noch so groß sein und anders
und schön zum Verlieben ich weiß

Und wenn
meine Stille sich weitet in Deine Unendlichkeit
Du Unaussprechliche
will ich doch voller Worte sein
nicht stumm und bescheiden vor Dir stehen
ohne Wünsche und Ziele
so bin ich nicht Gott
will mich nicht in Dir auflösen
erst wenn ich sterbe ist dafür die Zeit
und doch
beschenkst Du mich lockst Du mich rufst Du mich Gott
ich weiß nicht wohin und warum
und doch
liebe auch ich Dich
nur anders auf meine Art

Glaubensgespräch

Manchmal
glaube ich Dir Deine Liebe
und dass Du mich trägst sogar brauchst
womöglich
manchmal ist alles dunkel
die zögernde Seele verharrt
im großen Vielleicht
auch nicht
Du kannst nichts beweisen
ich kann nichts beweisen
nur weitergehen
gottwärts
wo ich's vermute
wag ich den Sprung
Du kommst mir entgegen Gott
manchmal
satt werde ich nie
wer weiß

Offener Brief

Ich wusste nicht dass Du so teuer bist Gott
so wirksam und doch so geheimnisvoll
dass Du frei machst und bindest und alles durcheinanderbringst
damit hatte ich nicht gerechnet

Deine Geschenke sind ganz anders als ich dachte Gott
viel schöner und viel schwerer
immer tiefer hinein in das Leben ziehst Du mich
dabei war ich doch schon auf dem Absprung

Ich weiß nicht ob ich lachen oder weinen soll Gott
und manchmal verstecke ich mich einfach vor Dir
aber ganz ohne Dich will ich auch nicht mehr sein
Du wundersam geduldige Herausforderung

Alle Worte sind immer zu klein für Dich Gott
dabei würde ich so gerne ein Kleid machen das passt
für Dich damit ich Dir auch etwas schenken kann
für mich weil ich so gerne schreibe an Dich
nimmst Du es an Gott auch wenn es nicht passt?

2.
Schrei- und Störworte
„Es fehlt so viel“

Lob der Klage

Mit aller Kraft
die Schweigemauer
durchbrechen
mit Schmerz und Wut
Wortbrocken lösen
aus steinernem Mund
die Wahrheit
womöglich ins Leere
schreien
trotz allem
zum Sprung ansetzen
ins rettende
Du

Morgengebet für schlechte Tage

Die Morgenstunde
liegt stumpf mir wie Watte im Munde
weit weg hinter Glas ist die Welt
dieser Tag wird schwer
Ich weiß nicht wozu wohin warum
ich anfangen soll
leere Stunden dehnen sich mir entgegen
machen mich jetzt schon müde
mit tauber Seele spreche ich stumme Wörter
in Deine Richtung Gott
bist Du da?
Auch wenn ich heute nichts fühlen kann
auch wenn ich heute nichts vorzuweisen habe
keinen Plan keine Kraft kein Ziel für den Tag
bist Du trotzdem da Gott?
Sag Du für mich Ja

Umsonst und draußen

Am Ende auf null
und nicht über Los
durch die kaltbunte Wüste
die heißt heute fernsehen schon morgens
und warten auf nichts mehr
in Arbeitsamtfluren

Da kam eine große Müdigkeit über sie
von wegen fit und dynamisch flexibel
so müde ein Fuß vor den anderen
da blieb sie zurück
und ist aus dem Rennen
da zählt sie nicht mehr
auf dem Menschenmarkt

Wo soll nur in diesem Ende
ein Anfang sein
und wo Deine Spuren
Du Gott der Letzten zu Ersten

Angstbrüche

Da sind sie wieder
im Schlaf diese Schritte
die kenn ich schon
und auch den Atem
der riecht nach Vater
ist plötzlich ganz nah
wie damals und gestern
da zählt keine Zeit
und heilt keine Wunden
da reicht auch nicht Gott hin
und weine und schreie
dann doch zu ihr
zu Dir bis zum Morgen
kein feste Burg
bist Du mir gewesen
die Mauern gebrochen die Seele

Todesanzeige

Unter Wutwörtern ungesprochen
erstickt
hinter Angstfragen ungestellt
versteckt
in Träumen ungesagt
verloren
am Schweigen
zerbrochen
stumm

Zwischenruf

Die es nicht aushalten
wollen
darüber zu lesen
zu nah meine Störworte Schreisätze
bröckelnde Totschweigemauern
sind kein Verlust
tut mir leid keine Zuckerwatte
kein klebriges Positivrot
im Angebot
womöglich
ist auch kein Sinn dahinter
kein tieferer höherer
einfach nur Angst Schmerz und Wut
da hilft auch kein Augen zu oder die Ohren
alles schon ausprobiert
und wer
hat mich denn gefragt
und wer all die anderen
wie viel eine aushält wie oft und wie lange
die hässliche Wahrheit die nackte
ertragen kann
die weh tut so weh bis es besser wird
oder auch nicht

Schattenkind

Ist aus der Welt gefallen
ins Sternenmeer taub und blind
der Mond schien kalt über Gerechte und Ungerechte
da ist es ertrunken
und dann wieder aufgetaucht
mit Schnitten in Körper und Herz
die waren so tief so tief

Ist in den Himmel geflogen
ins Wolkenmeer kühl und weiß
die Sonne spuckte ihr Licht über Gerechte und Ungerechte
da wollte es heile werden
Angst und Schmerzen verbrennen zu Asche
ging aber nicht
sie waren zu tief zu tief

Kindkirchgang

Weiße Kniestrümpfe Sonntagmorgen
grüßende Nachbarn Familienschein
wie Kiesel im Schuh gehen im Rücken die Eltern
nicht umdrehen leer lächelnde Feinde
Vorgarten bleierne Stille

Kirche Weihwasser Kniebeuge sitzen
bloß nicht bei denen alleine sein
schön traurig die Lieder Leid Schmerzen und Tod
sich senkende Köpfe Gemurmelgebet
erbarme dich Herr mit uns armen Sündern
mea culpa mea culpa bin dreckig von innen
besudelt nur Mädchen nicht würdig genug
da vorne zu stehen am Altar wie die Brüder
nicht würdig mea maxima culpa

Vom Götzenpriester gezeichnet mit Asche
als Todeskreuz auf die Stirn in die Seele
vergiftet mit Demut und Angstgeflüster
mit Fegefeuer Verdammnis den Heiden
den Eltern gehorchen will Gott so

Mein Gott mein Gott wo bist Du gewesen
nicht spürbar verschlossen für Dich meine Seele
durch Pfaffengeschwätz und Beichten und Büßen
schleimige Drohworte Hass als Liebe
stoß ihn vom Thron Gott den Götzen meiner Kindheit
schwemm es hinweg Gott das Gift in Deinem Namen

Schaffe mir Recht

(nach Ps 22)

Ich schreie zu Dir Gott mit letzter Kraft
ich schreie um Hilfe in alle Richtungen
aus dem Schmerzensabgrund rufe ich nach Dir Gott
und finde doch nicht Deine Spuren

Die anderen wenden sich ab von mir
und ich wende mich ab von ihnen
sie reden mich mutlos und klein
begraben mich unter Totschweigesätzen und
    Positiv-denken-Geschwätz
sie sagen Du willst mich prüfen Gott
mein Schicksal soll ich geduldig ertragen
nicht aufbegehren gegen Deinen Willen

Dir aber glaube ich mehr als ihnen Gott
Du hast mich ins Dasein gerufen
von Anbeginn an hast Du das Gute gewollt
mich angefüllt mit Atem und Kraft
lass mich jetzt nicht alleine Gott
ich bin so müde es tut so weh
dreckig fühle ich mich und beschmutzt für immer
vom Vater besudelt die Würde mit Füßen getreten

Du bist meine einzige Hoffnung Gott
hilf mir heraus aus dem Abgrund sei Du meine Stärke
aus der Einsamkeit zieh mich in neue Verbundenheit
Schaffe mir Recht Gott und gründe mich fest in Deine Gerechtigkeit
mutig und stark will ich sein in Deiner Liebe geborgen
Dir Ehre machen Gott mit meiner Lebendigkeit

Kriegsklage

(zu Matthäus 27,33–50)

Gott
weint in der Frau auf den Knien im Schlamm
über sich nur die Plastikplane
Gott
schreit in dem Kind da im Keller es brennt
überall fallen Bomben
Gott
schweigt in den Lügen und Phrasen
der wortreichen Todessprache
Gott
stirbt

Nachtgedanken

Lieber nicht
daran denken
aber es kreist mich ein lieber nicht
darüber sprechen
aber ich ersticke daran lieber nicht
so viel fühlen
aber es tut so weh lieber doch
alles sagen
können
wenigstens Dir Gott

Gottesfinsternis

(zum Karfreitag)

Da brach jeder Halt weg
und schien auch kein Sinn mehr
da schloss sich die Angst
wie ein Schmerz um die Seele
da war auch kein Trost mehr
die anderen lachten
und du ganz alleine im Dunkeln

Da hab ich dich schreien gehört
Bruder
da hab ich dich weinen gehört
Schwester
da hab ich Dir glauben gelernt
Gott Schwester Bruder
dass Du auch mein Weinen und Schreien hörst

Absage mit Tränen

An die Freundin
mit Angst vor der Wahrheit
und Zuckerguss drüber
kein Mut keine Freundin

An den Bruder
der es nicht hören wollte
lieber Sportschau bequem auf dem Sofa
kein Gespräch keine Schwester

An die Mutter
die niemals hinsah
dem Feind ausgeliefert Augen zu
keine Hilfe keine Tochter

An den Vater
das Wort schon Übelkeit
charmanter Verbrecher im Schrebergarten
verflucht sei dein Leben wie dein Sterben

Achtung Schmerz

Mit einer wie mir gibt es nichts als Ärger
ständig dieser Schmerz diese unerfreulichen Wahrheiten
schauerliche Kindheitsgeschichten vom Vater
dem Vergewaltiger die Mutter war auch nicht viel besser
wer hört das schon gerne womöglich noch sonntags
geht er dahin der gemütliche Kinderglauben
das chronische Christenlächeln gefriert dann schon mal
im Gesicht die alten Gewissheiten gehen zu Bruch
und die neuen Spaßwege führen womöglich ins Leere
dieser Schmerz sprengt alles und dann diese Wut
aber auch Kraft bei alledem unnahbar misstrauisch
ganze Tage weine ich durch tief geht das sehr tief
bis ins Zentrum da ist etwas mitten im Sturm
manche nennen es Gott

Kreuzverhör

Warum ist das so Gott erklär es mir
dass manche geliebt werden und manche nicht
dass die eine vergewaltigt wird und die andere nicht
ich verstehe es nicht
und Du?

Was Du damit zu tun hast und ob überhaupt
und wie es für Dich ist soviel Schmerzen zu sehen
und warum Du manchmal so weit weg zu sein scheinst
kannst Du mir das erklären?
Ich wünsche mir von Dir dass Du weinen kannst Gott
oder fluchen oder lächeln je nachdem
nicht herrscherkalt nicht unberührbar irgendwo da oben
so bist Du doch nicht oder?
Wie ist das nun mit Deiner Allmacht Gott
und dem letzten Wort das Du versprochen hast
und wieso nicht schon jetzt und wann denn endlich
und worum geht es überhaupt in diesem seltsamen Leben?
Antwort erbeten

Zu Deinem Gedächtnis

Als sie dich schließlich zum Marktplatz brachten
unterwegs keine Menschen nur Hassgesichter
da hast du versucht an die Katze zu denken
mit der du gespielt hast ihr sanftes Fell
bevor sie dich holten zwölf Jahre alt
zum Hexenverhör

Dunkel und kalt war es dort bei den Männern
gefroren hast du gezittert geschrien
als sie dir in den Körper schnitten
als sie dir die Arme ausrenkten
als sie dich vergewaltigten
da hast du versucht an die Katze zu denken
wie sie geschnurrt hat ihr sanftes Fell
und immer von vorn weil du nichts erzählt hast
nur geweint nicht gewusst was sie hören wollten
von dem Teufel im Bett aber da war doch niemand
bis du einfach genickt hast und wieder von vorn
denn das war nicht genug sollst es selber sagen
wie es war als der Teufel zu dir kam in der Nacht

Und der Priester im schwarzen Mörderrock
hat Gebete gemurmelt dazu auf Latein
zum Schutz vor dem Bösen besessen war die
da hat Anna versucht an die Katze zu denken
und gespürt hat sie nichts mehr die Augen ganz leer
und das war dann der Beweis mit dem Teufel im Bunde
ohne Schmerzen sind die können alles aushalten

Und als sie am nächsten Tag wiederkamen
und wieder und wieder und alles von vorn
da ist Gott für Anna Rausch zur Katze geworden
unendlich sanft am geschundenen Körper
doch die spürte längst nichts mehr weit weg die Gesichter
auf dem Wege zum Marktplatz zum Brennen die Hexe
bei lebendigem Leibe den Kopf kahlgeschoren
war da plötzlich ihre Katze so sanft das Fell
zusammen mit Anna lichterloh brannte sie
im Jahre des Herrn sechzehnhundertachtundzwanzig
in Deutschland an einem gewöhnlichen Tag

Wenigstens

Es fehlt so viel
so schrecklich viel an
Glück und Menschennähe
Leben und Leichtigkeit

Wenigstens Hoffnung
wenigstens Worte
wenigstens Spuren
brauch ich von Dir
vergiss das nicht Gott

Nachtgebet

Was gehen die Sterne mich an
und was soll mir der Mond
da draußen ob still oder nicht
hilflos treibe ich durch die Schatten
meiner Ängste und Träume
kein Schrei aus dem Mund

Sprechen
mit wem
weinen
wozu
beten
wohin
die Dunkelheit bringt es ans Licht
nichts ist sicher nicht wirklich
auch Du nicht Gott
oder?

Nachfrage

Tröste mich Gott ich bitte Dich
was immer es sei ich kann es gebrauchen
Worte Klänge Hoffnung auf Leben
sich öffnende Knospen vor ihrer Zeit
alles was gut ist

Es gibt ein Versprechen für Leute wie mich
von der Seligkeit aller Leidenden
und der Freudenernte der Weinenden
so heißt es hast du es gesagt
stimmt das?

Wie soll das denn möglich sein Gott
dass Schmerzensschreie zu Lachen werden
und Tränen zu Perlen
und Schwerter zu Pflugscharen
das ist sehr schwer zu glauben findest Du nicht?
Aber schön wäre es Gott wunderschön

3.

Anrufung „Komm tröste mich“

Nachtruf

Den Tag geweint
die Nacht geweint
und schwer im Mund
das Angstgewürg
den Tag allein
die Nacht allein
hab mich verirrt
im Schmerzenswald
und ruf Dich Gott
komm berge mich
die tausend abertausend Scherben
Tränen Flüche sterben-Wollen
komm in den Tag
komm in die Nacht
komm tröste und bewahre mich

Schmerztage

Heute musst Du mir alles sein Gott
allgute Freundin und Hoffnungsbrot
bergende Dunkelheit

Heute ist einer von diesen Tagen
die wehtun von Anfang an
war ich und bin ich allein für immer
und ist doch ein lichtblauer Sommertag heute
und riecht mir verbrannt alle Menschennähe
und hör ich ein fernes Kinderweinen
plötzlich ganz nah
schwemmt hoch die Übelkeit

Das sind dann die Tage
da wär ich so gerne
woanders und nicht die ich bin
das sind dann die Tage
da schrei ich zu Dir Gott
und treibe im Schmerzenmeer

Neujahrsträumerei

Ich ginge so gerne
mit Mut durch die Tage
und hielte mich fest
nur an Dir Gott Du Ruhige
im Sturm

Ich fände so gerne
die neuen Wege
im Ende den Anfang
und dann ohne Fluchten
zu mir

Ich wäre so gerne
aus Wolken und Erde
und zöge mit Dir Gott
ins Weite und Ferne
nach Haus

Vermisst

Ich weiss nicht wodurch und warum
Du verloren gingst auf dem Weg und wann
und woran ich mein Herz hing stattdessen
das fest steckt in Ängsten und lauer Betäubung
statt in mir noch Platz zu lassen für Dich Gott
Du fernes Wort einer fremden Sprache
die einst in mir klang
wie ein flüchtiger Traum scheinst Du mir
so weit weg so verlassen kann Dich nicht hören

Ruf trotzdem nach mir Gott
schließ auf mir das Dunkel
erbarme Dich fehle mir

In Ewigkeit

Manchmal bin ich so schrecklich müde Gott
und möchte gern weg von hier
wenn Du verstehst was ich meine
dahin wo die Seele endlich heil werden kann
dahin möchte ich Gott
wo alle Tränen abgewischt werden für immer
von Dir

Ich will einfach nicht mehr tapfer sein Gott
kannst Du das nicht verstehen?
Es tut so weh ich kann es nicht mehr aushalten
sieh das doch ein

Du musst mich jetzt tragen ich kann nicht mehr Gott
fang mich auf wenn ich falle
und auch
wenn ich springe halt mich fest Schwester Gott
lass Du mich nicht fallen in Ewigkeit
Amen

Novembergebet

Wenn das Leben müde wird und herbstschwer die Zeit
träge dahinzieht in langsamen Kreisen
wenn selbst die schreibunten Kauf-mich-Bilder
matt verschwimmen im Regendunst
dann lehre uns Dich bedenken Gott

Wenn das Sterben Raum gewinnt mit jedem Tag
die Dunkelheit tiefer und enger wird
wenn die Ruhe nach Totenstille schmeckt
bleierne Stunden wie Ewigkeit
dann sei Du uns Glanz auch im Nebel Gott

Wenn die Zeit sich dehnt in alle Richtungen
vom Leben zum Tod zum Leben schwingt
wenn die Schweigeräume sich weiten nach innen
und Fülle mitten aus der Leere sprießt
dann sprudelt Gottes Stille wird zum Segen

Anrufung

Novemberlicht komm zeige Dich
im tiefsten Nebel rufe ich Dich
im Schweigen und Singen
im Reden und Hören
mit allen Zungen ersehne ich Dich
komm leuchte und glänze Novemberlicht
im herbstkalten Regen verströme Dich
im Nahen und Fernen
im Innen und Außen
allein und mit anderen
brauche ich Dich
komm sei doch bei uns als Novemberlicht

Sonntagsgebet

Erzähle uns Gott vom Anfang der Welt
wie Du die Sterne geboren hast
in wildem Tanz und verwoben die Menschen
mit Himmel und Erde
Flüstere Deine silbernen Träume
in unsere müden Alltagsohren
Erzähle uns Deine Geschichten ganz neu
vom Suchen und Finden vom Ernten und Teilen
vom gelobten Land hinter der Zeit
Deine Wahrheit zeichne uns ins zerrissene Herz
Sprich Deine Liebe in unsere Einsamkeit Gott
und Deine Treue in unser ängstliches Leben
Schenke uns Gott Deinen luftigen Segen

Wunschzettel

Ach wärest Du doch eine Zauberkönigin
und zaubertest mich heil Gott einfach so
keine Wunde in der Seele keine Angst mehr vor Nähe
Lust haben auf Leben und Liebe

Und warum bist Du nicht der allmächtige Retter
für den sie Dich ausgeben Gott
keine Kinder die verhungern keine Folter und Vertreibung
die Nachrichten sehen ein Vergnügen

Ach hättest Du doch Deine eigenen Hände
und Füße und Augen und Münder Gott
auf uns solltest Du Dich besser nicht verlassen
wer möchte schon gerne selbst zuständig sein?

Bitte lass Dich niemals von uns einsperren Gott
ins Reservat für aussterbende Arten
in Sonntagspredigt und Friedhofsgemurmel
verzauber Du uns Gott Du Schöne

Brauchbitten

Wir brauchen welche
die weinen können
die trauern um alle
die nicht überlebt haben
um alle
die gebrochen wurden in ihrer Würde
vergewaltigt verstümmelt und zu Tode gequält

Wir brauchen welche
die schreien können
die das Unrecht beim Namen nennen
laut und deutlich
für alle
die zum Schweigen gebracht wurden
die sprachlos geworden sind in ihrem Schmerz

Wir brauchen welche
die kämpfen können
die nicht davonlaufen beim ersten Geruch des Schreckens
wir brauchen welche
die hoffen können
die Dein Mund sind Dein Ohr und Dein Schrei
denen schick Deine Kraft Gott
die lass ansteckend sein

Dein Reich komme

Nichts brauchen wir so nötig wie Dich Schwester Gott
erbarme Dich unser
sieh uns doch an wie wir dastehen vor Dir
mit leeren Gesten und toten Worten
die halbe Welt haben wir geplündert

Sei Speise und Trank für uns wir bitten Dich Gott
erbarme Dich unser
befreie uns von der Logik der Absatzmärkte
und dem Griff nach der Fernbedienung
lass uns hungrig bleiben nach Dir

Schenk uns neue Worte für Deine Wahrheit Gott
und neue Taten für Deine Gerechtigkeit
erbarme Dich unser
mach uns mutig wie ein Baby das laufen lernt
und ansteckend wie ein Kinderlachen im Sommer

Pfingsten erbeten

Komm heile uns Du heiliger Geist
auf dass wir verbunden werden
komm stärke uns Du feurige Kraft
dass keine mehr kriechen muss

Komm schüttele uns Du brausende Böe
auf dass wir ganz neu von Dir sprechen
komm locke uns Du tiefes Geheimnis
hinein in das Leben mit Dir

Und wenn wir dann ahnen wie Du uns gemeint hast
und wenn wir dann spüren wie viele Du bist
dann wag doch mit uns Gott die neue Erde
lass blühen die Gärten der Gerechtigkeit

Komm heilender Geist verbinde die Erde
komm mächtiges Brausen und wirbel uns mit

Urlaubsgebet

Das braucht seine Zeit
bis die Tage den anderen Rhythmus lernen
und langsam im Takt der Muße schwingen
das braucht seine Zeit
bis die Alltagssorgen zur Ruhe finden
die Seele sich weitet und frei wird
vom Staub des Jahres

Hilf mir in diese andere Zeit Gott
lehre mich die Freude und den frischen Blick
auf das Schöne
den Wind will ich spüren und die Luft will ich schmecken
Dein Lachen will ich hören Deinen Klang
und in alledem
Deine Stille

Zum Trost

schick mir ich weiß nicht was
einen Blick vielleicht der nicht ausweicht
Zeit viel Zeit brauche ich lichte Worte und tiefe
Tränen endlich weinen können aber dann
nicht alleine bleiben
Musik schick mir dass die Wunden
sich schließen das zersplitterte Herz schlägt
weiter zusammengehalten
von Deiner Sternenhand sanft Gott
ganz sanft

4.
Aufstandsgebete
„Ich lasse Dich nicht“

Rachepsalm

Ich fordere Deine Gerechtigkeit Gott
hilf mir tritt Du für mich ein
lass ihn zittern vor Angst diesen Kinderseelenmörder
zu einem Nichts schrumpfen soll seine Seele

Du sollst mein Racheengel sein Gott
hilf mir tritt Du für mich ein
lass ihn nicht davonkommen diesen ehrbaren Schrebergärtner
erfinde die Hölle neu für ihn

Du allein bist stärker als er Gott
hilf mir tritt Du für mich ein
lass meinen Körper wieder ganz allein mir gehören Gott
schmeiß ihn raus aus meiner Seele

Nur Du kannst mich von ihm freikämpfen Gott
hilf mir tritt Du für mich ein
und sag Deinen Leuten sie sollen mit ihrem Gesäusel aufhören
bis in die Schrebergärten muss man sie hören

In mir tut alles so weh Schwester Gott
hilf mir tritt Du für mich ein
lass es nicht diesen Dreckskerl sein der als letzter lacht Gott
und erlöse mich von meinem Vater für immer

Abrechnung

Er hatte die Wahl
er hat sich entschieden
bis heute stellt er sich nicht seiner Schuld
tut so als sei nichts gewesen
er hat mich vergewaltigt
die Tochter missbraucht jahrelang
er hatte seinen Spaß an meiner Schwäche
an meiner Angst und an meiner Dummheit

Erzählt mir nichts
von Vergebung

Ich wollte sterben
mich nicht erinnern
ich habe mich betäubt so gut es ging
mich selber gehasst und verachtet
bis heute wird mir übel
wenn ich an ihn denke
ein halbes Leben habe ich gebraucht
um mich frei zu sprechen

Erzählt mir nichts
von Vergebung
erzählt mir von Gottes
Gerechtigkeit

Machtwechsel

Die mich nähren sollte
mit Wärme
hielt sich schadlos
an meiner Liebe
pflanzte in mich ihren Schmerz

Der mich behüten sollte
mit Zärtlichkeit
weidete sich
an meiner Angst
fühlte sich stark durch meine Schwäche

Die mir erzählen sollten
von Dir Gott
sprachen von meiner Sünde
machten mich klein und dreckig
den Körper das Mädchenkind

Die mir fremd war vergiftet
ihr Name
schob alles beiseite
Eltern Pfaffen Lügengeschichten
fegte sie aus den Augen dem Sinn
schuf Platz für sich Trost frisches Lichtgrün
an meiner Seite

Unglaubensgebet

für solche wie mich
die wissen wollen wirklich wissen
was wahr ist und nicht
nach billigen Tröstungen suchen
die nichts und niemandem glauben
können und die Wahrheit ist
dass ich Angst habe Angst vor dem Sterben
dem Leben das ohne Spuren versandet
die Wahrheit ist
dass wir es nicht wissen können
nur Hoffnungen schüchtern in den Sand schreiben
mit zögernden Händen
und die Wahrheit ist
womöglich größer als ich

Kein Vaterunser

möchte ich sprechen
und auch nicht vergeben
den Schuldigern

Ach käme doch endlich
Dein Reich Gott
geschähe doch endlich Dein Wille
nicht der meines Vaters
das Kind das gequälte
das ich einmal war
braucht Deinen Schrei
und braucht Deinen Zorn
wie das tägliche Brot
das Brot der Gerechtigkeit
bewahre mich Gott
vor der Scham
der täglichen Schweigeversuchung
schütze mich Gott
vor dem Aufgeben
dem Sterben im Leben

Du bist das Ende
der Ohnmacht
der Grund
meiner Hoffnung
ein Windhauch
des Glücks

Kampfansage

Ich lasse nicht zu
dass ich so werde wie du
ich werde mich nicht hineinziehen lassen
in den fauligen Dunst deiner Schuld
in Missbrauch Stumpfheit und Lüge
deines Lebens
du wirst mich nicht zerstört haben
für immer
ich habe den längeren Atem
mein Leben wird Sinn haben und Würde
Anmut und Tiefe
das wird meine Rache sein an dir
so wahr
mir Gott helfe

Selbstversöhnungsversuch

Ich war noch ein Kleinkind und dachte
so wären Väter nun mal
später wollte ich mich wehren
aber er war stärker und sonst war da niemand
für mich
dann habe ich alles vergessen nur den Hass nicht
diesen gnadenlosen Blick
durch seine Augen sah ich mich an
und war nur ein Dreck

Jetzt wird es Zeit endlich Frieden zu schließen
mit mir
zu verstehen wer ich war und wer ich bin
langsam heimisch zu werden im Menschenland
Und mein Vater?
Den überlasse ich Dir Gott
Ich weiß Deine Antwort wird klar sein
und er wird sie hören
müssen

Aber die Liebe

(zu 1. Korinther 13,1–3)

Fremdes Engelswort
Leeres Lügenwort
Fernes Schmerzenswort
Liebe
Woher wenn nicht aus Dir
Wie wenn nicht mich selbst
Wen wenn nicht Dich

Aberglaubensbekenntnis

Tief eingebrannt in die Seele
ist mir die Vaterwunde
bricht auf immer wieder
und fließt mir als Blut aus dem Munde
das heilt nicht mehr
und ist kein Vergessen möglich
und ist kein Vergeben nötig
und ist auch kein Sinn dahinter
kein Herrengottallmachtsmonster
zog da die Fäden
und doch
willst Du mir nicht aus der Seele
Du Aber-Mächtige
öffnest die Todesräume
Schmerz für Schmerz
Wut für Wut wird zurückerobert
wiedergewonnen die Würde
und weiß wer ich bin jetzt
auf schmerzfestem Grund durch die Tage
und noch
ist auch das letzte Wort nicht gesprochen
das sprichst allein Du Gott
versprich es mir

Krankenbesuch

Ich weiß nicht warum
ich weiß nicht wie es endet
ich weiß gar nichts

Ihr wisst nicht warum
ihr wisst nicht wie es endet
ihr wisst gar nichts

Also schweigt
doch
seid einfach da
fragt mich
was ich brauche mir wünsche
wovor ich Angst habe
und was das Schlimmste ist

Ich weiß nicht wer
das kann und wie lang

Lügengespinste

Wer leidet hat irgendetwas falsch gemacht
und alles hat immer auch sein Gutes
vergewaltigte Frauen sind selbst ein bißchen schuld
die Arbeitslosen sicher oft zu anspruchsvoll
und Arme haben viel zu viele Kinder

Feingesponnen die Lügennetze
von totschweigen totklug daherreden
Verhöhnung der Opfer im Nebel die Täter
rosarotschläfriges Ruhesanftkissen

Stör Du unseren Schlaf Gott
die Wahrheit ist zumutbar
sei Du für uns ein Licht in den dunkelsten Schächten
flammende Mutschreie Feuerzungen
die Wahrheit ist Schmerz und Befreiung

Lobversuche

1. Versuch:
Zu Deinen Gunsten
glaube ich nicht Gott
an Deine Allmacht
und dass Du die Welt
so herrlich regierest
die Auschwitz-Welt
und die Wegwerf-Welt
hast Du nicht gewollt
dafür ehre ich Dich

2. Versuch:
Wie soll ich Dich loben Gott
wenn die Seele zerreißt und der Körper schreit
und alles weh tut nicht zum ersten Mal
wie soll ich denn weitergehen ohne Dich
aus der Seelennacht möchte ich flüchten
in dumpfe Betäubung und kleine Tode
wie soll ich denn leben Gott ohne Dich
Du bist meine Zuflucht mein Tränengebet hältst Du aus
dafür lobe und preise ich Dich

Blickwechsel

(zu Christi Himmelfahrt)

Die alten Bilder sprechen nicht mehr
der Himmel ist leer schon immer gewesen
und wer kommt schon wieder warum auch

Gott ist nicht da oben
wir sind nicht da unten
nach vorn will ich sehen
und zurück und zur Seite
selber den Weg will ich gehen
mit offenen Augen und Händen
soll ich Dich einsammeln
soll ich Dich austeilen
darf mit Dir aufbrechen

Ich lasse Dich nicht

Gott ich rufe Dich beim Namen
ich laufe hinter Dir her ob Du willst oder nicht
ich werde keine Ruhe geben bis Du mir antwortest Gott
nichts und niemand wird mich von Dir abbringen
auch Du nicht
Sprich mit mir Gott lass Dich doch bewegen
von meiner Not lass Dich berühren von meinem Schrei
streiten will ich mit Dir und kämpfen wenn es sein muss
Deine Liebe nehme ich beim Wort
ich werde mich nicht abspeisen lassen mit kalten Wahrheiten
und engen Grenzen
niemals werde ich glauben dass Du so fern bist Gott
wie es scheint
niemals werde ich glauben dass ich nicht zähle für Dich
Dein Schweigen werde ich in Nähe verwandeln
mein Vertrauen wird Dich bezwingen Gott
dass Du mich segnest und alles wirst für mich
in allem

Umkehr für Frauen

Dem Streit
nicht aus dem Wege gehen
Klartext sprechen
auch wenn es drauf ankommt
das falsche Lächeln
aus dem Gesicht
und die feindlichen Witze
beim richtigen Namen nennen
nicht flüchten
nach innen
keine Angst
vor der Macht
und niemals vergessen
wer uns geschaffen hat
nach ihrem Bilde

Trauerzeit

Nein ich werde nicht lächeln heute
nur damit es euch besser geht
Nein ich will kein Rezept keine Ablenkung
kaufen positiv denken Flug buchen sonstwohin

Nein ich werde nicht lächeln heute
nur um den Schein zu wahren
traurig sein will ich und weinen
den Schmerz aus der Seele

Umkehrung

(zu Lukas 18,1–8)

Nur einmal angenommen
Gott wäre die Witwe und nicht der Richter
in dieser Geschichte
hartnäckig bittend wütend wie auch immer
käme sie angelaufen
forderte Recht ihr Recht von uns
für die Aussortierten und Mittellosen
für die Flüchtlinge Folteropfer und Straßenkinder
nur einmal angenommen
wir wären die Mächtigen
käuflich träge und hochmütig wie dieser Richter
gleichgültig Menschen und Gott gegenüber
aber die würde einfach nicht aufgeben
läge uns in den Ohren mit ihrer Gerechtigkeit
die reinste Nervensäge nur einmal angenommen
wer von uns würde das hören
wollen?

Advent vielleicht

Das wäre schön auf etwas hoffen können
was das Leben lichter macht und leichter das Herz
das gebrochene ängstliche
und dann den Mut haben die Türen weit aufzumachen
und die Ohren und die Augen und auch den Mund
nicht länger verschließen
das wäre schön
wenn am Horizont Schiffe auftauchten
eins nach dem anderen
beladen mit Hoffnungsbrot bis an den Rand
das mehr wird immer mehr
durch Teilen
das wäre schön
wenn Gott nicht aufhörte zu träumen in uns
vom vollen Leben einer Zukunft für alle
und wenn dann der Himmel aufreißen würde ganz plötzlich
neue Wege sich auftun hinter dem Horizont
das wäre schön

Weihnachtsbericht

Sternblicke
glänzten mir nicht
durch die Nacht
der Tag
zog schwer vorüber an mir
die alten Geschichten
leuchteten nicht
und stumm blieb der Himmel
von Christkind und Krippe
gar nicht zu reden
weit weg hinter allem
ganz nah
bliebst Du verborgen
und doch
höre ich findest Du mich
Gott

Phantasie über Ostern

Ich weiß nicht was damals wirklich passiert ist
und ob überhaupt
und in welcher Weise
wer weiß das schon

Warum diese Frauen auf einmal so glücklich waren
und platzend vor Freude damit zu den anderen gingen
wer kann sich so etwas schon vorstellen

Wo er doch eigentlich tot war
besiegt und verzweifelt vor aller Augen
seine Leute versteckt bloß nicht auffallen
wer will schon zu einem Verlierer gehören

Und dann dieser unbegreifliche Umschwung
Gott bricht aus wie ein Vulkan unter ihnen
das Ende ist plötzlich der Anfang
und das Leben in neues Licht getaucht

Seltsame Geschichte
schöne Geschichte
von einem den sie nicht auslöschen konnten
von sich verströmender Lebensmacht
von Gottes Geheimnis zum Anfassen

Stärker als alle Wahrscheinlichkeit
schöner als es sich sagen lässt
und wahrer als wir es für möglich halten

Pfingstspuren

Frischer Wind
aber nicht auf Bestellung

Trost
aber kein billiger

Macht
aber von unten

Tief sehr tief
aber der Mund voll Lachen

Flugblatt

(für eine Mahnwache)

Ja uns gibt es immer noch
auch wenn es nicht in der Zeitung steht
ja tatsächlich wir träumen noch
größer als Geld und Eigenheim
weiter als bis zum nächsten Urlaub
ja wir stehen hier immer noch
für Gerechtigkeit und Frieden
gegen Folter und Waffenhandel
ja wir finden das lohnt sich noch
auch wenn es sich nicht rechnet
ja wir halten immer noch
zum Leben das nennen wir Gott

5.
Lebenszeichen
„Du aber“

Dunkler Frühling

Aus meinen Schmerzen sind Worttiefen gewachsen
meine Tränen haben Wurzeln geschlagen
im Wind
satte Ernte tragen meine Dunkelheiten
aus manchem Schrei
ist schon Antwort geworden

Einsammlung

Im Kreise herum die Gedanken
und wieder herum und von vorne
das wann und warum und vielleicht
und was dann
will ich bündeln in Dir
in Dein Schweigen hinein
mich wenden
bis ich Dich hören kann Gott
im Schweigen Geschichten und Liedern
will trinken aus Deiner Stille und Kraft
mich sammeln und ruhen das Sorgenherz

Gute Tage

Im zarten stillen Sonntagsgrün
scheint mir die Sonne gebrochen schön
die Welt
trotz allem
ist nichts vergessen
nicht weg gelächelt und schön geredet
das Kind das schmutzige hässliche
lacht und weint und springt und singt
in alten Liedern der Wind
mit leisem Gemurmel mir Trost in die Seele

Und reicht der auch nicht für alle Tage
und bleibt auch das Kind gebrannt für immer
so ist es doch trotzdem lebendig

Ostern alle Tage

Trotzdem wieder aufstehen
nicht jubelnd
nicht erlöst
nicht heilgezaubert
aber aufstehen

Gott etwas zutrauen
keine Allmacht
keine Heerscharen
kein Donnergetöse
aber zutrauen

Im Totenreich nicht heimisch werden
das letzte Wort nicht selber sprechen
und morgen wieder aufstehen

Kleine Ostern

Steine
vom Herzen gerollt
Eis
aus der Seele getaut
Hunger
in Brot verwandelt
Mauern durchbrochen
zum Licht

Lebenszeichen

Dieser Schmerz um Auge und Mund
Leben
diese Müdigkeit unter den Füßen
Leben
diese Milde in Luft und Wind
Leben
diese Wehmut zum Abend hin
Leben
diese Kostbarkeit
Leben

Zwischenmut

Leben will ich mein Leben leben
auch wenn so einiges fehlt darin
auch wenn ich nicht weiß was noch kommen wird
auch wenn es weh tut sehr weh manchmal
will ich es trotzdem leben
nicht länger auf bessere Tage warten
nicht einfach nur die Zeit totschlagen
leben will ich mein Leben leben
üben will ich das Ja und nicht verlernen das Nein
Mut fassen will ich und Glück
atmen manchmal

Lebendig verwundet

Gebrochenen Auges
sehe ich manches schärfer und tiefer
ins Dunkle
zerschlagenen Herzens
fühle ich über den Rand
meiner Trauer hinaus
aufrecht gehe ich auf wunden Füßen
mit Gottes Stärke im Rücken
die Seele blutet
aber nicht mehr zum Tod hin
die Schmerzen sprechen
mich in die Welt
zerbrochen
hat er mich nicht
aus dieser Wunde fließt
auch
Leben

Du aber

Es ist eine große Traurigkeit um mich
die taucht mich ein
in das Salzmeer
Du aber gründest mich Gott

Es ist eine große Dunkelheit um mich
die gräbt mich ein
in die Nacht
Du aber schimmerst mir zu Gott

Es ist eine große Einsamkeit um mich
die schließt mich ein
aus der Welt
Du aber hältst an mir fest Gott

Es ist eine große Antwort um mich
die birgt auch mich
auch mich

Erste Heimat

Da trafen sich welche jeden Mittwoch
die waren solche wie ich
lauter verbrannte Kinder
mit hässlichen Narben auch sichtbaren
Geschwister wider Willen waren wir
erkannten uns auf den ersten Blick
ich weiß nicht woran
aus derselben Hölle gekrochen
überlebt und doch schon gestorben vor langer Zeit
ein früher Tod der sich über Jahre hinzog
zu denen wollte ich nicht gehören
war aber so – keine Wahlheimat

Manche konnten sich an nichts erinnern
hatten aber so ein Gefühl und dann diese Träume
manche wussten alles noch ganz genau schon immer
spürten aber nichts mehr gar nichts seitdem
wir erzählten einander dieselbe Geschichte
die kannten wir schon ein Leben lang
aber jetzt waren da auch noch andere
zum ersten Mal nicht allein
in fremde Gesichter sah ich und nickte mir zu
die wussten wie es sich anfühlt
hinter den Worten

Manchmal nahm eine meine Hand
und dann auch die anderen
wir schlossen den Stromkreis aus Wärme und Schmerz
für einen Moment
war es fast schön und wir lachten

Spurensuche

(für eine Selbsthilfegruppe)

Da sitzen wir Wunde an Wunde
Schmerz an Schmerz
Da sitzen wir teilen
Hoffnung und Tränen
Wut und Kraft
Da sitzen wir suchen
Wege und Spuren
verbrannte Träume
Da sitzen wir finden
Leben

Gottesspuren

In Händen zeigst Du Dich
manchmal
backen sie Brot
wischen Tränen ab
knüpfen ein Netz
erdenwarm

In Augen zeigst Du Dich
manchmal
blicken sie freundlich
scheint Liebe durch
sehen behutsam
ins Tiefe

In Menschen zeigst Du Dich
manchmal
tanzt Du und lachst
hungerst und frierst
wartest auf Antwort
still

Wundertag

(zu Jesaja 60,2)

Ich weiß nicht wie warum
und auch nicht wie lange
sie bleibt und woher aus dem Nichts
das kommt ganz leicht
streift ihr Atem die Seele
nichts Großes nichts Kleines
kommt geflogen ganz leise
berührt sie mich zieht mich hinein
in ihr schützendes Wärmegefieder
und leuchtblaues Freudesein

das kommt und bleibt und geht wie es will
vogelfrei und verbunden
das hat wohl mit Gott zu tun
wundersames Geborgensein

Mutworte

Gott Deine Wehklage schallt durch die Welt
Dein Schreien und Stöhnen Geschändet-Sein
im Leiden mit Deinen gequälten Geschöpfen
weinst Du mit ihnen die Todesklage
wenn sie Dich foltern verschwinden lassen
wollen wir Trost und Wache sein

Dein flammender Zorn Gott entzündet uns
Dein Toben und Schnauben durchzittert die Schöpfung
wenn Deine Ehre verdunkelt wird
durch machtbesessene Männer und Frauen
durch Kriege und Armut versklavte Kinder
wollen wir Deine Verbündeten sein

Gott Deine Liebe durchflutet die Erde
in mächtigen Strömen Barmherzigkeit
bricht Deine Fürsorge sich Bahn
knüpfst Du mit uns die zerrissenen Netze
gießt Deine Kraft aus zum Heilen und Kämpfen
lass uns Deine Stärke und Hoffnung sein

Wir glauben

Wir glauben Gott an Deine Kraft
die überströmend Leben schafft
die Menschenkind und Sternenwelt
in ihren Armen sicher hält

Als aller Welten Schöpferin
bist Du der Ursprung Ziel und Sinn
Dein Lichtgeheimnis suchen wir
und bist doch immer längst schon hier

Wir spüren Deine Lebensmacht
in Jesus der durch tiefste Nacht
trotz Folter Armut Angst und Tod
zum Leuchtstern wurde Hoffnungsbrot

Sein Aufstand soll uns Zeichen sein
der großen Liebe Widerschein
ist Richtung auch für unser Tun
und wichtiger als Geld und Ruhm

Wir singen Gott von Deinem Geist
der feurig fließt und Weisheit heißt
ist frischer Wind und Lehrerin
schwebt über alle Weiten hin

Die Weisheit liebt Gerechtigkeit
schickt Kraft und weht die Seele weit
stürzt Götzenmacht vom Herrscherthron
ist voller Klang und zarter Ton

(Melodie: Christian Lahusen, 1886–1975, EG 184, GL 355)

Am Ende

(zu Psalm 90,12)

Am Ende
wird es ganz anders sein
als wir glauben
und leichter womöglich
als wir zu hoffen wagen

Am Ende
werden wir wissen
was wirklich zählt
und worauf es ankommt
im Leben und Sterben

Am Ende
wird auch für mich
sich die Grenze öffnen

und trotz Angst werd ich springen
ins leuchtende Du

Anschübe

Weil Du mich niemals aufgibst Gott
kann auch ich wieder aufstehen
weil Du Dich niemals taub stellst Gott
kann auch ich alles sagen

Noch das Schwerste nimmst Du auf
und redest es nicht schön
und zauberst es nicht klein
das wäre mir manchmal lieber
die Sorgen schickst Du mir zurück
aber jetzt haben sie Flügel und bewegen sich leichter
die Peinlichkeiten haben in Dir einen Namen gefunden
jetzt kann ich sie aussprechen
neue Kräfte schickst du in meine Müdigkeit Gott

und die Dunkelheiten werden begehbar in Deinem Licht
so vieles traust Du mir zu
und richtest mich auf immer wieder
aus Deiner Fülle schöpfe ich Leben
und singe das Lied Deiner Ehre

Über Nacht

Die Tränen geweint
die Schmerzen gesagt
die Wunden gesehen
der Kopf leer und müde

jetzt heißt es schlafen und warten
auf nichts
manchmal
nur manchmal warum nur
kann Gott das Blatt wenden
über Nacht

6.
Liebesworte
„Du atmende Weite“

Gottflamme Du Schöne

Auflodernde Lebensglut Ewige
Dein Glanz unzerstörbar Du Einzige
hast mich berührt mich beim Namen gerufen
das Feuer entzündet in Brand gesetzt bin ich
und schreibe und schreie und singe für Dich
meine Lichtkönigin mit glühenden Wortfunken
will ich Dich preisen und bitten und klagen
Du Ehrfurchtgebietende
flammende Schönheit Du schmilzt jedes Auge
verbrenne mich nicht Gott
sei nah mir und ferne ich will dich umkreisen
und ahne und spüre Dich liebe Dich Gott
zu meinem Heil und Deiner Ehre

Abendmahl

Am Tisch des Lebens will ich essen und trinken
eine Blüte will ich sein an Deinen Zweigen Gott

will Dich schmecken und erzählen
will Dich spüren und vermissen
eine Antwort will ich sein auf Deine Frage Gott

Im Schatten Deines Baumes will ich schlafen und träumen
geborgen will ich sein in Deinem Atem Gott

will Dich pflücken und verwurzeln
will Dich brauchen und verschenken
eine Schwalbe will ich sein für Deinen Sommer Gott

Pfingstfrühling

Gottblüte Du öffnest Dich
freudfarben leuchtest Du
tanzende Schönheit
wohin Du auch willst weht Dein Segen
Dein zärtlicher Trosthauch umgibt uns
Dein kreisender Atem bewegt uns
befreit uns ins Leben

Du hilfst uns auf Allumfassende
Du treibst uns an Allerneuernde
Gottausbruch Gottaufbruch bist Du
und feurige Wahrheitszunge
Du Ferne suchst Heimat bei uns
Du Nahe berührst uns und ziehst fremd vorüber
Gottblüte erfülle und locke uns

Schweigegesang

Das Lob Deiner Dunkelheit möchte ich singen
im tonlosen Schweigegrund bei Dir sein
den Klang Deiner Stille Gott möchte ich hören
und tanzen in Dir meine Seele

Und spüre Dich so unbegreiflich
wundersames Dunkel Du
tauchst mich ein in Freudetiefen
wurzelst mich ins Leben ein
Worte wachsen aus der Stille
und in sie hinein

Zerbrechliche Tage

Kaum dass ich wage
Es auszusprechen
Da ist nichts
Mit Händen zu greifen
Nur einfach dieses Licht
Die alten Bäume Leute der Spielplatz
Alles stimmt
Heute
Spüre ich atme ich
Glück das bist Du Gott

Lobbitten

Du Ruhe im Tagesgeplärre
Du Lichte im Sorgendunkeln
Du Glühen im Kältezeitstrom
Berge mich

Du Frage am Abend und Morgen
Du Angstschrei zum kaltleeren Himmel
Du Dunkelheit hinter der Sonne
Störe mich

Du Starke in meiner Schwäche
Du Furchtlose durch alle Zweifel
Du Mutige bis auf den Grund
Führe mich

Alltagsgebet

Durchs Wochental wandern
mit Wind im Rücken
im Alltagsgrau zehren
von Deinem Lichtgrün
meine Füße
in Deine Richtung lenken
meine Hände
für Deinen Segen öffnen
die Schmerzen an Deine Brust legen Gott
müde werden
dürfen
in Deinem wolkigen Arm

Lobet die Eine

Lobet die Eine
die uns stärkt und tröstet
die nach uns ruft
und treu sich an uns bindet
lasst uns mit Freude
ihren Namen singen
Gott sei gepriesen

Lobet die Flamme
die auch uns entzündet
leuchtende Weisheit
sprühe Deine Funken
in neuem Licht soll
uns Dein Name glänzen
Gott sei gepriesen

Lobet die Quelle
die auch in uns sprudelt
Wasser des Lebens
lass die Erde grünen
heilendes Strömen
Brunnen aller Liebe
Gott sei gepriesen

(Melodie: EG 447, GL 671)

Mittagsgebet

Mitten am Tag
in den Himmel greifen
mit kurzen Armen
aber immerhin
ins Jenseits von Zeit Zweck und Ziel
ein flüchtiger Blick
immerhin

Mitten am Tag
das Andere gelten lassen
essen und nicht vergessen
wer es gemacht hat
lachen und beten
mit eiligem Mund
aber immerhin

Abendgebet für gute Tage

Ja gesagt
und auch Nein
zur richtigen Zeit

Menschen getroffen
und Heimat gefunden
am richtigen Ort

Arbeit getan
und den Sinn gewusst
Leben geschmeckt
und verstanden
worden
bis in die Tiefe

Den müden Kopf
in Dein Dunkel gelegt
und die offenen Fragen
an Dein faltiges Herz
ruhewärts

All-Eine

Du Eine im wogenden Grün der Platanen vor meinem Fenster
Du Keine im Spiegel der Dunkelheit Leere im Kern meiner Angst
Du Viele in Deinen lieblichen Wohnungen
Du atmende Weite offen verborgen
Du Mitte der Sonne Gewebe des Lebens
Du Grund aller Liebe
Du heiliger Name wie kostbar ist Deine Spur

7.
Segen
„Gottfarbenes“

Überlebenssegen

Solche wie uns meint Gott ganz besonders
für uns wird sie stärker sein selbst als der Tod
berührt sanft die Lippen von Angst versiegelt
bricht auf das Schweigegefängnis

Möge Gott deine Tränen sammeln
wie Kostbarkeiten für immer bewahrt
durchtränken sie die verwüstete Seele
als Dünger des neuen Lebens

Mögest du Menschen finden die hören
die glauben was doch kaum zu glauben ist
nicht kalt lächelnd zum Vergessen raten
aus Angst und Schutz für sich selbst

Solche wie wir sind eingeladen
zu Gottes ewigem Siegesfest
auf uns wird gegründet die neue Erde
vom Tode zum Leben zur Gerechtigkeit
vom Leiden zum Heilen zur Freude

Krankensegen

In deine Angst
eine ruhige Stimme

Gegen den Schmerz
eine tröstende Hand

Für deine Hoffnung
stärkende Worte

In deine Wut
keine klugen Sprüche

Gegen die Langeweile
einen schönen Film mit Schokolade

Für dein Glück
gottfarbene Tage

Haussegen

Ein sicherer Ort
Wärme und Licht
Ruhe
Bücher Musik Küchengespräche
der Blick aus dem Fenster ins Weite
Platz für die oder den
dies oder das
buntes Leben
Höhle wenn nötig
Heimat
einstweilen

Segne uns Du Licht des Lebens

Segne uns Du Licht des Lebens
Sternenglanz der Dunkelheit
Web uns ein in Deine Träume
hüll uns in Dein Hoffnungskleid
Gottesduft verströme dich
Deine Spuren stärken mich

Segne uns Du Macht des Lebens
stärker als der Tod bist Du
Lass uns Deine Nähe spüren
Dein „Trotz-allem" sprich uns zu
Gotteslicht verteile Dich
Deine Spuren leiten mich

Nachdichtung des Kirchenliedes „Komm, oh komm, Du Geist des Lebens", EG 134, in: FrauenKirchenKalender 2017. Aufbrechen, hg. v. Birgit Hamrich u.a., Ostfildern 2016, S. 66.

Versprechen

Gott schüttet ihren Segen aus
über alle Gedemütigten und Erniedrigten
so hat sie es versprochen
so hält sie es auch

Gott Du verborgene Weberin
mit zärtlichem Atem
webst Du mir Heilfäden in die Seele

Gott Du Allbarmherzige
aus Deiner Liebe
schöpfe ich neue Würde und Kraft

Ringen mit Gott angesichts sexueller Gewalt

Bärbel Fünfsinn

1. Worum es geht

Kreuzverhör[1]

Warum ist das so Gott erklär es mir
dass manche geliebt werden und manche nicht
dass die eine vergewaltigt wird und die andere nicht
ich verstehe es nicht
und Du?

Was Du damit zu tun hast und ob überhaupt
und wie es für Dich ist soviel Schmerzen zu sehen
und warum Du manchmal so weit weg zu sein scheinst
kannst Du mir das erklären?
Ich wünsche mir von Dir dass Du weinen kannst Gott
oder fluchen oder lächeln je nachdem
nicht herrscherkalt nicht unberührbar irgendwo da oben
so bist Du doch nicht oder?
Wie ist das nun mit Deiner Allmacht Gott
und dem letzten Wort das Du versprochen hast
und wieso nicht schon jetzt und wann denn endlich
und worum geht es überhaupt in diesem seltsamen Leben?
Antwort erbeten

Jahrhundertelang bestimmten die Erfahrungen von Männern und ihre Sicht auf die Welt die Theologie. Für Carola Moosbach,

---

1 Carola Moosbach, Gottflamme Du Schöne. Lob- und Klagegebete, Gütersloh 1997, S. 44, hier im Buch S. 37.

die Autorin dieses Gebets, und viele andere Frauen kann und darf dies nicht länger so bleiben. Sie fragen: Was und wie sollen Frauen beten, die von Männern missbraucht oder vergewaltigt wurden? Sollen oder können sie weiter zu dem „Herrn" und „Vater" rufen? Gebete sprechen, die ihre Lebenswelt, Erfahrungen – besonders die schwierigsten und traumatischsten – ignorieren?

Gottessprache darf keine „Männersprache" mehr sein. So fand Carola Moosbach eine Gottes-Poesie, die patriarchale Muster sprengt. Außerdem nahm sie ein tabuisiertes Thema, sexuelle Gewalt, auf. Das ist bis heute besonders in christlicher Theologie in Deutschland und vermutlich überall auf der Welt.

Die großen Kirchen, die katholische und die protestantische, haben sich lange geweigert anzuerkennen, dass sexueller Missbrauch ein Thema für sie ist. Nur sehr mühsam beginnt seit wenigen Jahren die Aufarbeitung.

Carola Moosbach, Juristin und Autorin, brach mit ihren Gedichten – oder besser gesagt: Gebeten – ein Tabu. Die damals 40-jährige Autorin nannte offen eigene Missbrauchserfahrungen in ihren Gebeten. Die (kirchliche) Öffentlichkeit konfrontierte sie in ihren Texten mit schrecklichen Kindheitserlebnissen. Carola Moosbach erzählt von ihrer gewaltvollen Kindheit, ihrem Täter-Vater, ihrer Mutter, die das Leid der Tochter ignoriert. Sie fasst ihre Zweifel, ihre Angst, ihre Wut und ihren Hass in Worte und bringt sie vor Gott.

All das finden wir auch in biblischen Psalmen. Allerdings lesen wir in Gottesdiensten und kirchlichen Veranstaltungen meist nur ausgewählte Passagen. Von menschlicher Wut, von Hassausbrüchen, von tiefsten Zweifeln an Gott bis hin zur Anklage Gottes lesen und sprechen wir selten. Wahrscheinlich aus Angst vor der Intensität der Gefühle und den komplexen theologischen Fragen, die damit einhergehen: „Warum ist das so? … Wie ist das mit Deiner Allmacht?" Darauf gibt es keine einfachen Antworten. Manchmal finden einzelne für sich welche, die jedoch nicht für alle Menschen gelten.

Um es gleich vorweg zu sagen: So wie die Dichterin Carola Moosbach lehne ich Erklärungen ab, die von Gottes Willen im Zusammenhang mit Vergewaltigung oder Missbrauch sprechen. Ebenso Ansätze, die in allem Leiden einen Sinn oder sogar etwas von Gott Geschicktes sehen.

In ihrem Text „Kreuzverhör" weigert Carola Moosbach sich, Gott als „Herrscher" zu sehen, der kalt und unberührbar ist, noch dazu „irgendwo oben". Sie wünscht sich Gott ganz nah, Gott, der oder die weint, lacht, flucht und lächelt, also vor allem mitfühlt. Wie machtvoll Gott nun ist, was Gott zur Vergewaltigung sagt, darauf antwortet sie – zumindest in diesem Gedicht – nicht.

Die Autorin traut sich jedoch, quälende und vielen Menschen vertraute Fragen zu stellen: Wie passen Gottes Allmacht mit seiner – selten „ihrer" in den Kirchen – Barmherzigkeit zusammen? Was nützt ein Gott, der „von oben" zuschaut, wenn der Körper und die Seele eines Kindes, einer erwachsenen Person großen Schaden nehmen? Wann geschieht endlich Gerechtigkeit? Was ist der Sinn im Leben?

Fertige oder vorschnelle Antworten erträgt Carola Moosbach nicht. Sie sind fragenden Menschen – und besonders denen, die Gewalt überlebt haben – nicht angemessen. Ich halte sie darüber hinaus auch nicht für biblisch. In der Bibel ist es Hiob, der sich standhaft wehrt gegen die ausführlichen, theologischen Erklärungen seiner Freunde für sein Leid, die ungefähr so klingen: „Du wirst gesündigt haben und deshalb ergeht es dir nun schlecht."

Es gibt keine eindeutige, logische Erklärung, warum es den einen Menschen trifft und den anderen nicht. In der Bibel setzen sich viele AutorInnen mit unverschuldetem Leiden auseinander, z.B. in den Psalmen. Die Schreibenden klagen, schreien, fragen, zweifeln, fluchen, weinen, loben, danken, hoffen.

Für mich sind die Texte von Carola Moosbach moderne Psalmen, die uns helfen, angesichts von sexuellem Missbrauch, den häufig Frauen und Kinder erfahren, nicht zu verstummen und eine Sprache zu finden. Ihre authentische und wahrhaftige Redeweise kann Betroffene stärken. Menschen, die auf der Suche nach einer ihren Erfahrungen angemessenen Sprache des Glaubens sind, werden hier fündig.

Mit Hilfe einiger ausgewählter Texte zeichne ich hier einen möglichen Weg zur Verarbeitung von Unrecht und unverschuldetem Leid, hier sexueller Gewalt, nach.

2. Die Klage – Stören

Zwischenruf[2]

Die es nicht aushalten
wollen
darüber zu lesen
zu nah meine Störworte Schreisätze
bröckelnde Totschweigemauern
sind kein Verlust
tut mir leid keine Zuckerwatte
kein klebriges Positivrot
im Angebot
womöglich
ist auch kein Sinn dahinter
kein tieferer höherer
einfach nur Angst Schmerz und Wut
da hilft auch kein Augen zu oder die Ohren

2 Carola Moosbach, Lobet die Eine. Schweige- und Schreigebete, Mainz 2000, S. 50.

alles schon ausprobiert
und wer
hat mich denn gefragt
und wer all die anderen
wie viel eine aushält wie oft und wie lange
die hässliche Wahrheit die nackte
ertragen kann
die weh tut so weh bis es besser wird
oder auch nicht

Carola Moosbach ist mutig, weil sie „stört". Sie bleibt nicht im stillen Kämmerlein, sondern sagt ihre Wahrheit, erzählt, was sie erfahren hat. In ihren Gedichten klagt sie, klagt vor Gott, klagt Gott an, aber auch ihren Vater, ihre Familie und die, die nicht hinsehen oder ihr einen falschen Trost vermitteln wollten.

Es ist not-wendig, dass Nicht-Betroffene den Schmerz mit aushalten, zuhören und Anteil nehmen. Kirchenmenschen müssen ertragen lernen, dass es manchmal keine Antworten gibt und weder Weinen, Reden noch Beten nützt.

Nützt es überhaupt zu beschreiben und zu benennen, wie sich der Schmerz anfühlt? Wie das ist, wenn der Körper weint und die Seele brüllt? Ist es heilsam zu klagen?

Ein wichtiger Schritt zur Verarbeitung von tiefen psychischen Wunden ist, über das erfahrene Unrecht zu sprechen. Nicht allein damit zu bleiben. Es nicht zu verheimlichen oder zu schmälern. Vielleicht ist es am schwersten für die betroffene Person, sich zunächst selbst einzugestehen, dass sie verletzt ist und Hilfe benötigt.

Carola Moosbach hat Menschen getroffen, die ihr zugehört und sie begleitet haben. Und sie hat sich mit ihrer Poesie an die Öffentlichkeit gewandt. Einige ihrer Klage- und Schreitexte sind schwere Kost und für manche eine Zumutung. Dahinter steht jedoch ihre Erfahrung, dass das laute (An-)Klagen befreiend wirkt.

Sie traut sich, das scheinbar Unerträgliche in Worte zu fassen. Sie weiß, dass Gott das aushält.

Schmerztage[3]

Heute musst Du mir alles sein Gott
allgute Freundin und Hoffnungsbrot
bergende Dunkelheit

Sie sehnt sich danach, dass das Erlebte nicht das letzte Wort hat, es darf nicht ihr ganzes Leben bestimmen. Da muss es noch mehr geben.

„Gott" steht für die Kraft, die keine Angst vor Selbsthass, Ekel und Rachegelüsten hat, vor Erfahrungen der absoluten Ohnmacht. „Gott" ist der Name für eine Kraft, die hoffentlich weiter weiß und heilende oder zumindest tröstende Wege führt.

3. Die Bitte – Schreien

Schaffe mir Recht[4]

(nach Ps 22)

Ich schreie zu Dir Gott mit letzter Kraft
ich schreie um Hilfe in alle Richtungen
aus dem Schmerzensabgrund rufe ich nach Dir Gott
und finde doch nicht Deine Spuren
Die anderen wenden sich ab von mir
und ich wende mich ab von ihnen

---

3 Ebd., S. 57.
4 Ebd., S. 67, hier im Buch S. 31.

sie reden mich mutlos und klein
begraben mich unter Totschweigesätzen und
  Positiv-denken-Geschwätz
…
Du hast mich ins Dasein gerufen
von Anbeginn an hast Du das Gute gewollt
mich angefüllt mit Atem und Kraft
lass mich jetzt nicht alleine Gott
ich bin so müde es tut so weh
dreckig fühle ich mich und beschmutzt für immer
vom Vater besudelt die Würde mit Füßen getreten
…
Schaffe mir Recht Gott und gründe mich fest in Deine Gerechtigkeit
mutig und stark will ich sein in Deiner Liebe geborgen
Dir Ehre machen Gott mit meiner Lebendigkeit

Die Beterin fordert Gerechtigkeit. Nicht erst im „Himmel", sondern in diesem Leben. Wie schwierig es ist, dies im deutschen Justizwesen oder unseren Kirchen zu erlangen, ist bei einem geschärften Blick in unsere Medien leicht zu erkennen.

Im Gebet führt sich die Autorin vor Augen, dass Gott sie ins Leben rief, Gott ihr Atem und Lebenskraft schenkte. An diese Erfahrung knüpft sie in ihrem Schmerz an. Gott ist das Du, zu dem sie immer rufen kann. Das Du, das sie mit grenzenloser Güte und Zärtlichkeit verbindet. Alles das, was die eigene Familie nicht geben konnte.

Die Suche nach bedingungsloser Zuwendung und Zugehörigkeit dauert manchmal ein Leben lang, vor allem, wenn schon in der Kindheit sexuelle Gewalt von den nahesten Menschen ausgeübt wurde.

Gott soll die Beterin von dem Dreck befreien, mit dem ihr Vater sie beschmutzt hat. Sie will ihre Würde wiedererlangen.

Carola Moosbach schweigt nicht über ihren gewalttätigen Vater. In biblischen Texten ist in solchen Zusammenhängen von dem „Feind" die Rede. Feinde sind die, die andere Menschen krank machen, sie als Objekte behandeln und zerstören.

Einen vertrauten Menschen als Feind zu betiteln erfordert außerordentlich viel Kraft und Mut, denn die Umwelt reagiert häufig mit Unverständnis. Umso wichtiger ist es, dass Menschen den Betroffenen glauben und sie unterstützen.

Manchmal ist niemand da, auch keine „Schwester Gott". Der „Schmerzensabgrund" kann so tief sein, dass jedes Schreien ins Leere zu tönen scheint. Allerdings sind die Klage- und Bitt-Schreie, die Carola Moosbach formuliert, erst möglich, weil sie schon die Erfahrung gemacht hat, dass da ein Gegenüber, ein anteilnehmendes Du für sie ist.

4. Der Rachewunsch – Wut

Der mühsame Weg der Be- und Verarbeitung ist nicht linear. Immer wieder gibt es Krisen. Und manchmal muss gewütet werden, um weitermachen zu können.

Im folgenden Text drückt die Beterin ihren Hass und ihre Wut deutlich aus. Sie stellt Forderungen an Gott. Sie gibt nicht klein bei, obwohl das besonders von Frauen erwartet wird. Das Argument, ihre Stimme würde die „Harmonie" in der Gruppe stören, zählt nicht. Für sie als Opfer von Gewalt gab es diese Harmonie nicht.

Wie in so manchen biblischen Psalmen, z.B. Ps 8, 11, 55, 88 und 139, schreit die Autorin – zu Gott und zu uns.

Rachepsalm[5]

Ich fordere Deine Gerechtigkeit Gott
hilf mir tritt Du für mich ein
lass ihn zittern vor Angst diesen Kinderseelenmörder
zu einem Nichts soll seine Seele schrumpfen

Du sollst mein Racheengel sein Gott
hilf mir tritt Du für mich ein
lass ihn nicht davonkommen diesen ehrbaren Schrebergärtner
erfinde die Hölle neu für ihn

Du allein bist stärker als er Gott
hilf mir tritt Du für mich ein
lass meinen Körper wieder ganz allein mir gehören Gott
Schmeiß ihn aus meiner Seele

Nur du kannst mich von ihm freikämpfen Gott
hilf mir tritt Du für mich ein
und sag Deinen Leuten sie sollen mit ihrem Gesäusel aufhören
bis in die Schrebergärten muss man sie hören

In mir tut alles so weh Schwester Gott
hilf mir tritt Du für mich ein
lass es nicht diesen Dreckskerl sein der als letzter lacht Gott
und erlöse mich von meinem Vater für immer

Amen

---

5 Carola Moosbach, Gottflamme Du Schöne, S. 71, hier im Buch S. 61.

Dürfen Menschen so zu und mit Gott reden? Ist das nicht unerhört? Manche ChristInnen denken so, zumindest die, die einen mächtigen HERRN und strengen Vater vor Augen haben, der seine Geschöpfe züchtigt und dem nie etwas verborgen bleibt.

Die Beterin spricht jedoch zu einer Vertrauten, einer solidarischen Schwester, die ihr ein Ohr leiht und der sie alles, wirklich alles mitteilen kann. Da ist keine Furcht sondern Vertrauen.

Wo sollen verletzte Menschen ihre Hassgefühle und Wünsche nach Rache lassen, wenn nicht bei Gott? Sie sind Ausdruck von großem Schmerz, der ein Ventil braucht! Das Unrecht, hier der sexuelle Missbrauch durch den Vater, muss hinausgeschrien werden, so oft, bis es nicht mehr nötig ist. Zumindest Gott muss anerkennen, dass das, was der Vater getan hat, ein Verbrechen war.

Aus Seelsorge und Psychotherapie wissen wir, dass verdrängte Gefühle, wie z.B. Hass, sich nicht dauerhaft verdrängen lassen. Sie können einen Menschen auf unterschiedliche Weise gefangen halten. Von daher ist es allein aus therapeutischer Sicht viel gesünder, solche Gefühle zuzulassen.

Der Wunsch nach Rache bedeutet nicht, dass die Verletzten Rache üben werden und ebenfalls Gewalt anwenden. Gott ist der Auffangort für die Wut und den Hass. „Gott ist Gedächtnis" (Dorothee Sölle), das Unrecht wird nicht vergessen. Das Schreien und Rufen zu Gott weist auf den inständigen Wunsch hin, dass Gerechtigkeit geschieht.

5. Die Versöhnung – Annehmen

Vergebung und Versöhnung sind große Themen in christlichen Gemeinden. Kann es bei den Erlebnissen, die Carola Moosbach schildert, dazu kommen? Sie lehnt „säuselnde", fromme Worte ab und sucht solche, die wahrhaftig und ehrlich sind. Ein Gebot der Vergebung akzeptiert sie nicht. Der Respekt vor dem Schmerz und den Gefühlen der betroffenen Person gebietet Begleitpersonen, dies zu akzeptieren. Unterschiedliche Faktoren tragen manchmal dazu bei, dass eine Überlebende vergeben kann. So etwas „Übermenschliches" sollte jedoch niemand von einer Gewaltbetroffenen erwarten. Bevor dies überhaupt in Aussicht steht, ist eine andere Versöhnung nötig:

Selbstversöhnungsversuch[6]

Ich war noch ein Kleinkind und dachte
so wären Väter nunmal
später wollte ich mich wehren
aber er war stärker und sonst war da niemand
für mich
dann habe ich alles vergessen nur den Hass nicht
diesen gnadenlosen Blick
durch seine Augen sah ich mich an
und war nur Dreck

Jetzt wird es Zeit endlich Frieden zu schließen
mit mir
zu verstehen wer ich war und wer ich bin
langsam heimisch zu werden im Menschenland
Und mein Vater?
Den überlasse ich Dir Gott
Ich weiß Deine Antwort wird klar sein
und er wird sie hören
müssen

6 Carola Moosbach, Himmelsspuren. Gebete durch Jahr und Tag, Neukirchen-Vluyn 2001, S. 107, hier im Buch S. 67.

Wie schwer die Selbstversöhnung ist, können andere nur ahnen. Das Perfide an Missbrauch ist, dass die Opfer lange überzeugt wurden, die Gewalt verursacht oder hervorgerufen zu haben. Sich selbst zu lieben, anzunehmen mit der eigenen Geschichte, den eigenen Wunden und Fehlern, ist harte Arbeit.

Die vernarbten Wunden kennzeichnen die Seele eines Menschen ein Leben lang. Deshalb nennen sich viele auch „Überlebende". Das Unrecht kann nicht ungeschehen gemacht werden, doch die Betroffenen können lernen, mit der Verwundung zu leben und ihrem Leben Sinn und Würde zu verleihen. „Mein Sieg über die sexuelle Gewalt ist, dass ich lebe und glücklich bin", so eine betroffene Frau.

Die Angst und der Schmerz sind nicht für immer verschwunden, so funktionieren Menschen nun einmal nicht. Doch die zärtliche Stimme der Schwester Gott und mitfühlender Menschen können Wunder tun. Scham und Selbsthass verschwinden.

6. Der Segen – Ringen

Ich lasse dich nicht[7]

Deine Liebe nehme ich beim Wort
niemals werde ich glauben dass ich nicht zähle für Dich
Dein Schweigen werde ich in Nähe verwandeln
mein Vertrauen wird Dich bezwingen Gott
dass Du mich segnest und alles wirst für mich
in allem

---

7 Carola Moosbach, Erste Strophe, in: Himmelsspuren, S. 120, hier im Buch S. 120, und Zweite Strophe, in: Lobet die Eine, S. 73, hier im Buch S. 65.

Du bist das Ende
der Ohnmacht
der Grund
meiner Hoffnung
ein Windhauch des Glücks

Die Beterin verlässt sich auf Gott, das leuchtende Du, dessen Ströme des Mitgefühls und der Barmherzigkeit im Alltag zu finden sind. Dazu gehört das Bekämpfen von schmerzhaftem Grübeln und niederschlagenden Gedanken sowie Gefühlen. Eine magische Sofortheilung, die endgültig ist, erlebt Carola Moosbach mit diesem Gott bzw. mit der Schwester Gott nicht. Doch Gott ist groß. In der einzelnen wie auch durch andere wirkt sie, erweckt zum Leben und schenkt Glück.

Quellenverzeichnis

Die Gebete wählten wir aus folgenden drei Büchern aus:

- Carola Moosbach, Gottflamme Du Schöne. Lob- und Klagegebete, Gütersloh 1997, hier: Gottflamme
- Carola Moosbach, Lobet die Eine. Schweige- und Schreigebete, Mainz 2000, hier: Lobet die Eine
- Carola Moosbach, Himmelsspuren. Gebete durch Jahr und Tag, Neukirchen-Vluyn 2001, hier: Himmelsspuren

1. Annäherung – „Du Fern-Nahe"

2. Schrei- und Störworte – „Es fehlt so viel"

3. Anrufung – „Komm tröste mich“

4. Aufstandsgebete – „Ich lasse Dich nicht“

5. Lebenszeichen – „Du aber"

6. Liebesworte – „Du atmende Weite“

7. Segen – „Gottfarbenes“

Informationen zur Autorin und zu den Herausgeberinnen

Autorin

Carola Moosbach, geboren 1957, Juristin, Dichterin und Autorin, lebt in Köln. Sie veröffentlichte mehrere Bücher mit religiöser Lyrik, aus denen die hier gesammelten Gebete stammen. Für ihre Gebete und Gedichte erhielt sie 2000 den „Preis des Frauenkirchenkalenders für Gottespoetinnen". 2012 veröffentlichte sie unter dem Titel „Bereitet die Wege" poetische Kommentare zu Bachs geistlichen Kantaten, die zum Teil vertont wurden. Ihr erster Roman erschien im Herbst 2020, „Johann Sebastian Bachs Töcher. Ein historischer Roman". Die Kritik lobte sie aufgrund der historisch hervorragenden Recherche und des einfühlsamen Erzählstils. www.carola-moosbach.de

Herausgeberinnen

Bärbel Fünfsinn, geboren 1962, lebt in Hamburg. Sie arbeitete viele Jahre als Lateinamerika- und Genderreferentin in der ev. Kirche in Norddeutschland. Mit anderen Kolleginnen hat sie verschiedene Bücher zu feministischer Befreiungstheologie und zu Spiritualität herausgegeben. Neben ihrer Tätigkeit als Lehrerin arbeitet sie auch als Musikerin und Sängerin. www.baerbelfuenfsinn.com

Aurica Jax (geb. Nutt), geboren 1972, lebt in Münster. Sie ist promovierte Theologin und war wissenschaftliche Mitarbeiterin an den Universitäten Tilburg (Niederlande), Bochum, Münster und Köln. Seit 2019 leitet sie die Arbeitsstelle für Frauenseelsorge der Deutschen Bischofskonferenz. In dieser Funktion arbeitete sie mit an der Einrichtung einer Anlaufstelle für Frauen, die als Erwachsene im kirchlichen Raum Gewalt erfahren haben: www.gegenGewalt-anFrauen-inKirche.de

Weitere Titel aus dem Verlagsprogramm:

Psalmen leben

Frauen aus allen Kontinenten lesen biblische Psalmen neu

Herausgeberinnen
Bärbel Fünfsinn, Carola Kienel

ISBN: 978-3-930826-79-7
269 Seiten, kartoniert
2. Auflage

Benita Joswig

Wortflügel

Briefe eines langen Abschieds

Mit Zeichnungen von
Benita Joswig und Barbara Bux

Herausgeberinnen
Bärbel Fünfsinn, Claudia Janssen,
Teresa Roelcke

ISBN: 978-3-86893-183-9
224 Seiten, Hardcover

Weitere interessante Titel finden Sie unter: **WWW·EBVERLAG·DE**

EBVERLAG **WWW·EBVERLAG·DE**

Dr. Brandt e.K.
Jägerstraße 47
13595 Berlin

Tel.: 030 | 68977233
Fax: 030 | 91607774
E-Mail: post@ebverlag.de